Turoldo • Die Verzweiflung zu lieben

T0165994

David Maria Turoldo

Die Verzweiflung zu lieben

Gedichte
Italienisch–Deutsch

Ausgewählt und übersetzt von
Christoph Ferber

Pano Verlag Zürich

Die Gedichte stammen aus dem Band *Canti ultimi*,
Mailand: Garzanti 1991

Die Deutsche Bibliothek – CIP-Einheitsaufnahme:

Turoldo, David M.:
Die Verzweiflung zu lieben : Gedichte italienisch-deutsch
/ David M. Turoldo. Ausgew. und übers. von Christoph
Ferber. - Zürich : Pano-Verl., 2002
     ISBN 3-907576-46-2

Foto: N. Leto (Archiv des Priorats S. Egidio)
© 2002 Pano Verlag Zürich
www.pano.ch und www.pano.de
© der italienischen Gedichte Garzanti Libri s.p.a.
ISBN 3-907576-46-2

E ci accomuna
la disperazione di amare.
(D.M.T., „Mio Ospite")

Vorwort

Unter den zahlreichen Gedichtbänden, in denen David
Maria Turoldo (1916 – 1992) von seinem ununter-
brochenen „Zwiegespräch mit dem notwendigen Du, d.h.
mit Gott" Zeugnis ablegt, dürften die angesichts des Todes
entstandenen „Letzten Gesänge" am ehesten einer
kritischen, auch auf ein künstlerisches Urteil bedachten
Würdigung standhalten. In ihnen gehen geistige
Abgeklärtheit und religiöse Spannung Hand in Hand und
erreichen auch in Duktus und Timbre jene Spontaneität,
die jeder echten religiösen Lyrik eigen ist. Aber ist das
„notwendige Du" notwenigerweise mit Gott gleichzu-
setzen, wie es Turoldo in einer kurzen Notiz zu Beginn des
Bandes zu verstehen gibt?
Als ich vor Jahren von Susanne Javicoli, einer langjährigen
Vertrauten des vielbeschäftigten Ordensmanns, die „Canti
ultimi" als Geschenk erhielt, habe ich diese Notiz
übersehen. Während Monaten habe ich eine Reihe der sehr
kunstvollen, aber doch recht einfachen Gebilde als
Liebesgedichte gelesen und übersetzt. Einerseits hat
Turoldo mir diese Sehweise durch Verzicht auf die
Majuskel erleichtert, andererseits bin ich in religiösen
Dingen derart unbeschlagen, dass ich getrost in die Falle
lief und im mystischen Du jene Person zu sehen
vermeinte, die ich damals abgöttisch liebte: „ ...und es
vereint uns / die Verzweiflung zu lieben" – wer dächte
dabei schon an Gott? (Und: liebt uns Gott wirklich verzweifelt?)

Der eigentliche Reiz des Bandes liegt denn auch in seiner Transzendenz: das religiöse Moment wird überschritten, es wird zum lyrischen Erleben schlechthin. Denn dass zwischen Religion und Poesie ein offener Konflikt besteht, ist eine altbekannte Tatsache, die auch von einer Vielzahl von Turoldo-Gedichten bestätigt wird. Allein: in seinen letzten Jahren verwandelt sich der „religiöse Löwe", wie ihn Alda Merini treffend charakterisiert hat, in einen „verzweifelt Liebenden" – und als solcher hat er Gedichte von universalem Gehalt geschrieben, religiös inspirierte Kleinode, in denen der Leser neben Erleuchtung und Trost auch jene künstlerische Spannung finden mag, welche die Vorfreude des Dichters und „Theopathen" auf die endgültige Vereinigung mit dem notwendigen und verzweifelt geliebten Du in sich birgt.

Ich widme diese Übersetzungen Judith und Elisabeth Ferber.

Ragusa, im Oktober 2001

Christoph Ferber

Gedichte

Se almeno ti fossi lasciato
– non dico dai sensi, –
possedere dall'anima,
mia galassia di desideri,

ora anch'io oserei
cantare un nuovo Magnificat

in nome di tutti gli amanti
non più delusi,

nel nome di una terra
ancora vergine.

Wenn du dich zumindest
– ich sage nicht von den Sinnen –
von der Seele hättest besitzen lassen,
o Galaxie meiner Wünsche,

so wagte auch ich es – und würde
ein neues Magnificat singen

im Namen all derer, die lieben
und nicht mehr enttäuscht sind,

im Namen einer Erde,
die noch niemand berührt hat.

Solo lasciarmi pensare

E' noto all'universo
che tu sei la fonte del mio cantare:

la tua Assenza mi fa disperato
la Presenza mi incenerisce:

E se voglio raggiungerti, devo
liberarmi della volontà di cercarti:

andare oltre la stessa mente,
solo lasciarmi pensare.

* * *

Pure il male dunque è un bene.

* * *

Bisogna che la mente scompaia:
allora avverrà l'incontro
e né tu né io saremo

Allein mich denken lassen

Welt und Universum ist es bekannt,
dass du die Quelle bist meines Singens:

dein Fernbleiben lässt mich verzweifeln,
dein Nahesein äschert mich ein:

und will ich dich erreichen, muss ich mich befreien vom
Willen, nach dir zu suchen:

über mich selbst, meinen Geist hinausgehen,
allein mich denken lassen.

* * *

So ist auch das Böse ein Gutes.

* * *

Der Geist muss verschwinden:
so wird die Begegnung wahr,
und nicht ich, nicht du werden sein

E mentre io sempre più disperavo
di afferrarti, sentivo
che eri tu ad assorbirmi:

fino ad essere insieme perduti.

Und während ich immer verzweifelter suchte
dich zu ergreifen, spürte ich,
dass du es warst, der mich aufsog:

und wir waren gemeinsam verloren.

Ti fermava la ronda nel cuore della notte
e tu chiedevi: „Avete visto il mio Amore?"
Dovevi superare le guardie,
andare oltre,
se volevi trovare il tuo Amore.

Die Streife ergriff dich im nächtlichen Dunkel
und du fragtest: „Meine Liebe, ihr habt sie gesehen?"
Die Wachen musstest du überlisten,
immer weiter gehen
auf der Suche nach deiner Liebe.

A volte in piena notte veniva
a bussare alla porta:

ti chiedeva, con quella sua voce, di aprirgli,
e tu, già levata la tunica,
andavi ad aprire:
le tue dita grondavano mirra
sulla maniglia del chiavistello:

ma Lui,
Lui era già

        svanito nella Notte.

Bisweilen kam er inmitten der Nacht
und klopfte ans Tor:

er bat dich, mit seiner unverkennbaren Stimme, zu öffnen,
und du, bereits ohne Kutte, gingst hin
ihm zu öffnen:
deine Finger träufelten Myrrhe
auf den Handgriff des Riegels:

aber Er
war entschwunden

       im Dunkel der Nacht.

Credo

Anche gli dei fanno silenzio di fronte al dolore,
ma da un tenebroso Giardino ci giunge una voce:
viene dal tronco dei contorti olivi
viene da gole di animali feriti
viene, senza vocali, da bocche di uccisi:

E Lui – „candor lucis eternae" –
                il volto per terra
                e piene di terra le mani:

                sola risposta del „Dio vero".

Credo

Auch die Götter schweigen beim Anblick des Schmerzes,
doch erreicht uns aus einem finsteren Garten eine Stimme:
sie kommt aus dem Stamm des gewundenen Ölbaums,
sie kommt aus dem Rachen verletzter Tiere,
sie kommt, ohne Vokale, aus dem Munde Ermordeter:

Und Er – „candor lucis eternae" –
            das Gesicht zur Erde
            und voll Erde die Hände:

            einzige Antwort des „wahren Gottes".

Cosa pensi

Cosa pensi di me, Signore?
Di tristezza piango più che di paura
davanti alle infinite volte
che ti ho deluso.

E tu ancor prima in segreto mi dicevi
quanto noi appena dopo sappiamo:
che ogni colpa ha in sé la sua pena.

            E mai
che tu possa divertirti a punire.

Was denkst du

Was denkst du von mir, mein Herr?
Vor Trauer weine ich mehr als vor Angst,
denn ich habe
dich unendliche Male enttäuscht.

Und jedesmal hast du mir vorher gesagt,
was wir nachher immer gleich wissen:
dass die Schuld ihre Strafe in sich enthält.

       Und nie
wirst du dich vergnügen können zu strafen.

Ma pure allora

O tu, fonte di ogni coscienza,
se appena una frazione
di attimo trattieni
il tuo alito

subito frana
l'universo intero.

Ma pure allora Coscienza
non può finire:

nulla
potrebbe più dire di te

e neppure del Nulla.

Aber auch dann

O du, Quell jedes Bewusstseins,
hältst du nur einen Bruchteil
eines Augenblicks
deinen Atem zurück,

bricht sogleich
zusammen der Kosmos.

Aber auch dann
darf das Bewusstsein nicht enden:

nichts
könnte es mehr von dir sagen

und nichts mehr vom Nichts.

In cambio del tuo perdono

I

Tu lo potevi: bastava
fare di me
il tuo giardino,
l'eden ove goderti beato,

e io non finire
randagio
e straccione.

II

Ora che arrotolato mi hai
come il pastore fa con la tenda
alla fine dei pascoli,
lascia che ti canti

come mai ti ho cantato
e più non pianga
inutili pianti.

An Stelle deines Verzeihens

I

Du hättest es können: aus mir
deinen Garten machen,
den Eden, wo ich mich selig
an dir erfreu,

und ich wäre kein Streuner,
kein kläglicher Bettler
geworden.

II

Nun aber, da – wie der Hirt
das Zelt – du mich aufgerollt hast
nach der Weidezeit,
gib, dass ich singe zu dir,

zu dir singe wie niemals zuvor
und niemals mehr
nutzlose Tränen vergiesse.

Almeno da pubblicano

> „Il pubblicano, invece, fermatosi
> a distanza ...“ (Lc 18,13)

I

Non chiedo che tu mi guarisca:

offesa sarebbe la domanda
che esaudire non puoi:

chiedo che tu mi salvi
che non mi lasci per sempre
soggiacere a questa
quotidiana morte:

chiedo che il Nulla non vinca
e non abbia più
a incenerirmi di desideri

e viva infelice, anche là
come ora, qui,
solo e lontano.

Wenigstens wie der Zöllner

"Der Zöllner aber, der abseits
stand ..." (Lk 18,13)

I

Ich bitte nicht, dass du mich heilst:

Beleidigung wäre: erbeten,
was du erfüllen nicht kannst:

ich bitte, dass du mich rettest
und mich
nicht für immer
diesem täglichen Tod unterwirfst:

ich bitte, das Nichts mög nicht siegen
und ich nicht verbrennen
vor lauter Begehren

und auch dort unglücklich leben
wie jetzt, hier,
fern und allein.

II

Tu sapessi cosa mi costi in rimorsi
e quanto io a te costi per grazia.

che la gara non si interrompa:
io a pentirmi
e tu a usarmi pietà

pure se necessità è per me
il fallire

e per te,
continuare a perdere.

II

Wenn du nur wüsstest, was du mich kostest an Reue
und wieviel ich dir koste an Gnade:

doch der Wettstreit geh weiter:
ich – im Bereuen
und du – im Erbarmen

auch wenn für mich Scheitern
Notwendigkeit ist

und für dich –
immer wieder verlieren.

III

Così ti penso: un Dio
sempre esposto a follie,
ad accontentarsi di come siamo,
a perdere sempre:

o Luce incandescente
e pietosa

se tu sopporti
ciò che io sono
anch'io per te sopporto
di non sparire.

III

So denk ich mir dich: ein Gott,
der sich Tollheiten aussetzt – und der
sich mit uns, wie wir sind, begnügt
und immer verliert:

o weithin schimmerndes,
mitleidiges Licht,

erträgst du mich so
wie ich bin,
so ertrag ich für dich es:
zu bleiben.

Almeno un poeta

Almeno un poeta ci sia
per ogni monastero:
qualcuno che canti
le follie di Dio.

La città non conosce più canti
le strade stridono di rumore:
e anche là dove ancora
pare sopravvivere il silenzio
è solo muta assenza.

Ma in qualche parte
tu devi esserci, Signore.

Wenigstens einer sei Dichter

Wenigstens einer sei Dichter
in jedem Kloster,
einer, der Gottes
Wahnsinnstaten besinge.

    In der Stadt singt nun niemand,
    die Strassen dröhnen vor Lärm:
    Und wo das Schweigen
    noch überlebt, ist es nichts
    als die stumme Leere.

        Aber irgendwo, Herr,
        musst du sein.

Tu sempre più muto:

silenzio che più si addensa
più esplode:

e ti parlo, ti parlo
e mi pento

e balbetto
e sussurro sillabe
a me stesso ignote:

ma so che odi e ascolti
e ti muovi
a pietà:

allora
anch'io mi acquieto
e faccio silenzio.

Du – immer stummer:

je dichter das Schweigen,
um so stärker der Ausbruch:

und ich sprech ohne Ende zu dir
und bereu es

und stammle
und flüstere Silben,
die ich selber nicht kenne:

und ich weiss es: du hörst mich und horchst,
und es regt dich
Erbarmen:

              und auch ich
werde ruhig
und schweige.

E sempre più remoto stai
nel tuo maniero,
unico segno
il tuo silenzio:

silenzio più alto
del silenzio astrale ...

– ma non è il tuo silenzio
che più mi affligge,
è il mio non tacere,
                    o Silenzio!

Und du weilst immer ferner
in deinem Schloss,
einziges Zeichen
dein Schweigen:

Schweigen noch höher
als das Schweigen der Sterne ...

– doch es ist nicht dein Schweigen,
was am meisten mich quält,
es ist mein nicht still sein können,
                                o Schweigen!

Straniero nel tuo villaggio

Sono le parole strade
di un paese che tu solo
percorri con l'illusione
di conoscere, e di essere
conosciuto da sempre:

ti camminano avanti
suoni d'alfabeti prenatali,
luci spaziano come fari
all'orizzonte:

                    tu credi
di andare per liberi campi
invece qui abiterai
per sempre!

* * *

Mai che si giunga al centro!
Tu non sai il gioco
delle circostanze:

40

Fremder in deinem Dorf

Es sind nun die Wörter Strassen
eines Dorfes, das du einsam
durchstreifst, und du bildest dir ein
es zu kennen – und seit jeher
bekannt zu sein:

dir voran gehen Laute
aus Alphabeten der Urzeit,
wie Leuchttürme schweifen Lichter
am Horizont:

    du glaubst
über freie Felder zu gehen,
doch hier wirst du leben
für immer!

   * * *

Nie wird die Mitte erreicht!
Und du kennst nicht das Spiel,
das die Umstände treiben:

sempre a girare intorno
in girotondo „intorno a un fico d'India":

mentre solo
batte
          il cuore.

immer nur kreisen im Ringelreihen
„um einen Feigenkaktus herum":

und es schlägt dabei
einsam
            das Herz.

Sera a Sant'Egidio

Tornata è la quiete,
anche il vento riposa,
non c'è più nessuno
nell'Abazia:

ma io non chiuderò le porte:
Qualcuno, sono certo, verrà:
così attendo sereno la Notte

Abend in Sant'Egidio

Wiederum: Stille,
ruhig ist auch der Wind,
in der Abtei
ist nun niemand:

aber das Tor lass ich offen:
jemand kommt sicher:
so erwart ich gelassen die Nacht.

Natale 1988

Campane a Moneglia
dolce paese di Liguria
in mezzo a oliveti sul mare,
e la casa ancora più dolce
dell'amico:

        campane
suonano a festa
a vigilia del grande Atteso
(verrà? come e dove verrà)

        Natura
già si dispone all'Evento:
campane, fosse almeno
sempre vigilia ...

Weihnachten 1988

Glocken von Moneglia,
liebliches Dorf in Ligurien,
in Olivenhainen über dem Meer,
und noch lieblicher das Haus
meines Freundes:

       Glocken
im Festklang
zum Heiligen Abend
(kommt er, der grosse Erwartete?
wie und wo kommt er?)

       Natur
ist bereit zum Ereignis:
Glocken, wären doch alle
Abende heilig ...

Solo una grazia chiedo

I

Ma tu, Amica,
quando verrai
sarà sempre tardi:

e Lui sa perché.

II

Pur certo di emigrare
di vita in vita
sapere di dissolversi è triste
anche il corpo delira
di te, o Deità.

III

Solo una grazia chiedo:
che là
almeno
non ci facciamo
più male.

Nur eine Gnade erbitt ich

I

Aber du, Tröster,
wenn du kommst –
es wird immer zu spät sein:

und Er weiss warum.

II

Selbst in der Gewissheit,
von einem Leben ins andere zu wandern,
zu wissen, dass wir zerfallen, ist traurig:
auch der Körper berauscht sich
an dir, o Gottheit.

III

Nur eine Gnade erbitt ich:
dass wenigstens dort
wir uns
nicht mehr
weh tun.

Più della „chemio"

Più della „chemio" altro mi devasta:
ricordi come vermi mi divorano:
minore sbigottimento avrei
se fossi un assassino.

Mehr als die „Chemo"

Mehr als die „Chemo" zerstört mich Erinnerung:
wie Würmer, die mich verzehren:
bestürzt wär ich weniger,
wär ich ein Mörder.

La spada mentale

I

No, non tu sei l'abisso insondabile
non tu la spada mentale
che ci dilania

tua e nostra rovina è l'altro
abisso: così

nell'infinita tensione
che dentro ti rode
natura erompe
per innumeri mondi:

e ogni creatura
ti muore tra le mani
nel mentre che si forma
                    e fiorisce

Das geistige Schwert

I

Nicht du bist der unergründliche Absturz,
nicht du das geistige Schwert,
das uns peinigt:

dein und unser Ruin ist der andere
Absturz: so bricht

aus der ewigen Spannung,
die uns verzehrt,
Natur aus
in zahllosen Welten:

und jede Kreatur
stirbt dir in den Händen,
während sie Form annimmt
                    und blüht

II

Tuo dramma inenarrrabile
è fare argine:

         tue gesta sono
il filo d'erba sulle macerie
il raggio d'una stella da millenni
già spenta e le perle
di rugiada nel prato all'alba.

* * *

Crederti è scegliere
di essere

         credere
è volere il Bene:
anche noi Teopati!

II

Dein unsägliches Drama –
Damm sein:

        ein Grashalm auf Trümmern
sind deine Taten; das Strahlen,
auch nach Jahrtausenden,
eines erloschenen Sterns; die Tauperlen
frühmorgens über der Wiese.

       * * *

An dich glauben
heisst: wählen zu leben

        glauben:
das Gute zu wollen,
auch wir, Theopathen!

III

Sì, è vano chiederti „perché"
pure per te esiste il mistero

Sì, darti un nome
è offenderti

Tu non puoi che pensare
te stesso: uscire da te

è franare nel Nulla

...

Tu non puoi non essere
                Tu devi essere
pure se il Nulla
è il tuo oceano.

III

Ja, es ist unnütz, dich zu fragen „warum?"
auch für dich gilt das Geheimnis

Ja, einen Namen dir geben
ist dich beleidigen

Du kannst nur dich selbst
denken: aus dir gehen

ist Abstürzen ins Nichts

...

Du kannst es nicht: nicht sein
             Du musst sein
auch wenn das Nichts
dein Ozean ist.

„Padre, abbà ..."

T'invocava con tenerissimo nome.

la faccia a terra
e sassi e terra bagnati
da gocce di sangue:

le mani stringevano zolle
di erba e fango:

ripeteva la preghiera del mondo:
„Padre, abbà, se possibile ..."

Solo un ramoscello d'olivo
dondolava sopra il suo capo
a un silenzioso vento ...

„Vater, Abba ..."

Er rief dich mit zärtlichem Namen:

das Gesicht zur Erde
und Steine und Erde
von Bluttropfen nass:

die Hände umklammerten
Grasbüschel und Schlamm:

er wiederholte das Weltengebet.
„Vater, Abba, mach's möglich ..."

Nur ein Olivzweig über seinem Haupt
bebte leise
im Schweigen des Winds ...

Là, sola

E non una mano
gli schiodasti dal legno:

che si tergesse
dagli occhi il sangue

e gli fosse dato
di vedere
almeno la Madre

                    là,

sola ...

Dort unten, allein

Und du hast ihn am Holz gelassen
mit vernagelten Händen:

wie wollte er so
sich das Blut aus den Augen wischen,

um auch nur
seine Mutter
sehen zu können

              dort unten,

allein ...

La nera fonte

Il Nulla:
tuo necessario limite
nera fonte
di ogni altro male:

tuo dramma
di essere Dio!

Die schwarze Quelle

Das Nichts:
dir gebotene Grenze
schwarze Quelle
jedes anderen Übels:

deine Tragödie –
Gott sein!

Fammi camminare

Fammi camminare a testa alta
che tutti dicano: è il suo
amico:

        e mai
abbia ad arrossire di te
e vedano tutti
quanto di te
io sia orgoglioso.

Lass mich gehen

Lass mich gehen erhobenen Hauptes,
dass alle sagen: er ist
sein Freund:

        und dass ich nie Anlass habe,
wegen dir zu erröten,
und alle sehen,
wie ich
stolz bin auf dich.

Quando sarà venuta ...

Pure allora mi sgorghi
dal cuore ferito il canto:
come dal costato di Cristo
usciva sangue e acqua.

Cantare quanto in vita
ti abbia inseguito quale
la cerva del salmo
fiutando sorgenti lontane.

Cantare ancora i gemiti
che la sera – e le notti! – empivano
le vaste solitudini;
e il lungo errare per i boschi
sempre disperato e illuso.

Ora almeno che prossimo
sono all'incontro
svelami come,
pur malato mortalmente di te,
abbia potuto essere a Te infedele:

tradirti nel mentre stesso
che dicevo di amarti!

Wenn er gekommen ist ...

Auch dann entspringe
meinem verwundeten Herzen Gesang:
wie aus Christi
Rippen einst Wasser und Blut.

Gesang – über wie
ich im Leben dir nachging,
als wär ich die Hirschkuh des Psalms
und suchte entlegene Quellen.

Gesang von den Seufzern,
die abends – und nachts! – die weiten
Einöden erfüllten;
und vom langen Irren durch Wälder,
verzweifelt und immer getäuscht.

Nun aber, da
die Begegnung sich kündet,
sag mir: wie konnte ich – sterblich
nach dir erkrankt –
Dir die Treue nicht wahren:

Dich verraten – und „ich liebe dich" sagen
zur gleichen Zeit!

O forse anche il peccato
è un gesto folle per cercarti?
Pace non c'è per gli amanti,

lo sai!

Oder wär auch die Sünde
ein verzweifelter Akt dich zu suchen?
Für die Liebenden gibt's keinen Frieden,

   du weisst es!

Ancora

Non è te che offende
questo mio quotidiano peccare:

solamente me umilia
e avvilisce
e distrugge:

e tu non puoi
non sentirti in pena.

Noch einmal

Nicht du wirst beleidigt
durch mein tägliches Sündigen:

es erniedrigt nur mich
und beschämt
und zerstört:

und was bleibt dir,
wenn nicht betrübt sein?

O natura

È dovuto accadere
perché il raccoglimento mi salvasse

* * *

Assedio di forme
pensieri come labirinti
disperata prigione:

mai che imboccassi la Via.

* * *

Porto dentro paesaggi inviolati
spazi senza orizzonte:

forse è dentro
che si apre la Via.

O Natur

Es musste geschehen
denn nur Einkehr konnte mich retten

* * *

Bedrängende Formen
Gedanken wie Labyrinthe
verzweifelte Haft:

dass ich den Weg fände – nie!

* * *

Ich trage in mir
        von niemand berührte Landschaft
        horizontlosen Raum:

in mir vielleicht
find ich den Weg.

Ripeto

È la notte la mia luce e la mia gioia
vera fede è il non conoscerti
sapere solo che Tu mi conosci
fa di me la mia essenza.

Ich wiederhole

Die Nacht ist mein Licht, meine Freude,
wahrer Glaube ist: dich nicht kennen,
das Wissen, dass Du mich kennst,
dieses Wissen nur macht mich zum Menschen.

Mio Ospite

Anche se in fondo ai mari
e nei più alti cieli
si mormora di te,
so che non hai altra casa:

sei il mio inevitabile Ospite
sconosciuto e muto.

E ci accomuna
la disperazione di amare.

Pure se santità significhi
dimore inaccessibili
qui è la tua casa

pure se brama di te ci consuma
al solo pensare che tu possa
apparire, moriamo.

Non passato né futuro tu hai
ma in te ogni esistenza riassumi
e gli spazi stellari e gli evi ...

Mein Gast

Auch wenn auf dem Grunde der Meere
und in der Höhe der Himmel
man von dir murmelt,
weiss ich, du hast kein anderes Haus:

du bist – unvermeidbar – mein Gast,
unerkannt, stumm.

Und es vereint uns
die Verzweiflung zu lieben.

Auch wenn Heiligkeit
unerreichbare Wohnstatt bedeutet,
hier ist dein Haus,

auch wenn Sehnsucht nach dir uns verzehrt,
beim Gedanken allein, du könntest erscheinen,
sind wir des Todes.

Weder Vergangenheit hast du noch Zukunft,
doch in dir ist erfasst jedes Dasein
und der Raum aller Sterne und Zeiten ...

Quanto inganna il pensarti lontano:
spazio illusorio alla mia
e tua autonomia:

tu non puoi che celarti qui
nel presente, non puoi
che essere in urto

né puoi sfuggire alla sorte
della tua amata immagine.

O Täuschung, dich ferne zu denken:
keinen Raum gibt's für mein
und dein Selbstsein:

du kannst dich verbergen nur hier
in der Gegenwart – und nicht anders
als im Zusammenstoss sein,

noch kannst du entfliehen dem Los
deines Bildes, das wir so lieben.

Daten zu Leben und Werk

(Bei dieser Zusammenstellung wurde u.a. die Würdigung von Thomas Stauder in „Zibaldone. Zeitschrift für italienische Kultur der Gegenwart", Nr.17, 1994, berücksichtigt.)

1916   David Maria Turoldo wird im friaulischen Cederno in ärmsten Verhältnissen geboren.

1934   Turoldo tritt als Novize dem Orden der Servi di Maria bei und nimmt in Venedig sein Theologie- und Philosophiestudium auf.

1940   Turoldo wird in Vicenza zum Priester geweiht.

1941   Mitten im Krieg übersiedelt Turoldo ins Servitenkloster bei S.Carlo in Mailand, wo er sich – mit beruflich bedingten Unterbrechungen – bis 1956 aufhält. In Mailand beginnt sein fieberhaftes öffentliches Wirken, das von Anfang an durch ein starkes soziales Engagement sowie den Kampf für eine neuzeitliche, von erstarrten Strukturen befreite Kirche gekennzeichnet ist. Er ist Mitbegründer der avangardistischen Untergrundzeitung „L'uomo". Darin erscheinen u.a. erste Lyrikversuche.

1943   In dieses Jahr fällt sein erstes Auftreten als Prediger am Mailänder Dom. Diese vielbeachtete Tätigkeit, die er während zehn Jahren mit überzeugender Verve ausübt, wird ihn – unterstützt durch sein umfangreiches publizistisches Werk – zu einem der bekanntesten Linkskatholiken Italiens machen; sein politisches Anliegen aber wird immer ein soziales und „evangelisches" sein. Turoldo nimmt aktiv an der katholischen Resistenza teil.

1945   Nach Kriegsende ist er tatkräftig am materiellen, geistigen und sozialen Wiederaufbau Mailands beteiligt. Das Elend dieser Jahre, das er an vorderster Front miterlebt, wird auf ihn als Menschen, Priester und Schriftsteller nachhaltig einwirken.

1947   Ein erster Gedichtband „Io non ho mani" („Ich hab keine Hände") erscheint bei Bompiani in Mailand und erzielt einen beachtlichen Erfolg. Turoldo promoviert in Philosophie an der Università Cattolica del Sacro Cuore. Anschliessend ist er eine Zeitlang Assistent für theoretische Philosophie an der Universität Urbino.

1949   Sein zweiter Gedichtband „Udii una voce" („Ich hörte eine Stimme") erscheint mit einem Geleitwort von Giuseppe Ungaretti bei Mondadori. In diese Zeit fällt auch die Gründung des Kulturzentrums „Corsia dei Servi" sowie seine Beteiligung an „Nomadelfia", einem von der Amtskirche ungern gesehenen Reformprojekt. Turoldo gerät durch seine direkte, unkonventionelle Art bei der Vermittlung der evangelischen Botschaft – aber auch in ihrer persönlichen Verwirklichung – zunehmends ins Kreuzfeuer der vatikanischen Kritik.

1956   Die Anfeindungen der Kirchenhierarchie nehmen derart zu, dass sich Turoldo, will er seinem pastoralen und charitativen Engagement treu bleiben, zur Emigration gezwungen sieht. Er zieht nach England, später in die Vereinigten Staaten, nach Mexiko, Kanada und Südafrika.

In Italien erscheinen weitere Gedichtbände sowie zwei Theaterstücke.

1963 Die durch das Zweite Vatikanum erfolgte Liberalisierung ermöglicht ihm die Heimkehr nach Italien. Turoldo lebt nun im Priorat S.Egidio in Sotto il Monte, dem Geburtsort des von ihm verehrten Papstes Roncalli. Hier gründet er das „Centro Studi Ecumenici Giovanni XXIII" und die Gemeinschaft „Gli amici di Emmaus". Die Jahrzehnte, die er im ehemaligen Cluniazenserkloster verlebt, zeichnen sich durch vielseitige publizistische sowie religiös-pastorale Tätigkeit aus. Sotto il Monte wird zu einem heute noch florierenden Zentrum der Begegnung und geistigen Erneuerung.

1971 In Vicenza erscheint ein Sammelband seiner bisher veröffentlichten Lyrik.

1973 Turoldo veröffentlicht erstmals seine metrischen Psalmenübersetzungen. Sie weisen ihn als Poeten ersten Ranges aus.

1976 Bei Mondadori erscheint „Il sesto Angelo" („Der sechste Engel"), sein bis dahin sicher bedeutendster Gedichtband.

1978 Ein weiterer Sammelband seiner Gedichte erscheint unter dem bezeichnenden Titel „Lo scandalo della speranza" („Der Skandal der Hoffnung").

1985 Turoldo gehört zu den Mitunterzeichnern eines Manifests katholischer Intellektueller, welche die durch Johannes Paul II. erfolgte Restaurierung kritisieren und eine Rückbesinnung aufs Vatikanische Konzil fordern. Zu dieser Zeit ist er eine weithin bekannte, ja populäre Figur in Italiens öffentlichem Leben. Turoldos unorthodoxe Art, seinen Glauben – und seine Zweifel am Glauben – öffentlich zu verkünden, dies auch in Rundfunk, Fernsehen und wöchentlichen Zeitungskolumnen, bringt ihm aber auch Feinde und Neider. Sie stören sich u.a. an seiner ungewöhnlichen Betriebsamkeit, die sich auch in publikumswirksamen Stellungnahmen zu verschiedensten nichtreligiösen Themen niederschlägt. Bis dahin waren schon mehr als dreissig Buchtitel erschienen, neben Lyrik und Theater vor allem religiöse Essayistik. Der „Fall Turoldo" entzweiht nun auch Dichterkollegen und Literaturkritiker.

1988 Die Krebsdiagnose stürzt ihn in einen wahren Tätigkeitsrausch: bis zu seinem Tod erscheinen weitere zehn Titel.

1990 „O sensi miei" („O meine Sinne"), eine als definitiv zu betrachtende Sammlung seiner bisher erschienenen Lyrik, erscheint mit Vorreden von Andrea Zanzotto und Luciano Erba bei Rizzoli.

1991 „Canti ultimi" („Letzte Gesänge"), sicher der „Gipfel seiner poetischen Kreativität und geistigen Reife" (Abramo Levi), erscheint mit einem Geleitwort von Giovanni Giudici bei Garzanti.

1992 David Maria Turoldo stirbt in Mailand. Beim Begräbnis in S.Carlo findet Kardinal Martini versöhnliche Worte. Im gleichen Jahr erscheint als erstes postumes

Werk „Il dramma è Dio" („Das Drama ist Gott"),
Überlegungen zum Göttlichen, zum Glauben, zur Poesie.

Inhalt